T0087103

Bedřich Smetana

1824 – 1884

Die Moldau

Vlatava
La Moldau

Sinfonische Dichtung No. 2 aus „Mein Vaterland"
Symphonic Poem No. 2 from "My Fatherland"

für Klavier bearbeitet von
Arranged for Piano by
Arrangée pour Piano par
Lothar Lechner

ED 4345
ISMN 979-0-001-05126-2
ISBN 978-3-7957-5277-4

www.schott-music.com

Mainz · London · Berlin · Madrid · New York · Paris · Prague · Tokyo · Toronto
© 1997/2009 SCHOTT MUSIC GmbH & Co. KG, Mainz · Printed in Germany

Vorwort

Die Jahre 1858–61 verbrachte Smetana in Schweden. Damals stand er noch sehr unter Liszts Einfluß und komponierte drei sinfonische Dichtungen, denen Dramen von Shakespeare (*Richard III*), Schiller (*Wallensteins Lager*) und Öhlenschläger (*Haakon Jarl*) zugrunde lagen. Es waren die bedeutendsten sinfonischen Werke, die er bisher geschrieben hatte. Über zehn Jahre später, am 27. Juli 1873, erschien ein Artikel in der tschechischen Musikzeitschrift *Dalibor*, in dem V. J. Novotny erklärte, daß Smetana sich mit dem Gedanken trug, einen Zyklus sinfonischer Dichtungen über Themen zu schreiben, die eng mit der tschechischen Geschichte und den Legenden des Landes verbunden waren, darunter *Vyšehrad*, *Vltava* (Die Moldau), *Řip*, *Lipany* und *Bilá Hora* (der weisse Berg). Das Werk sollte den Gesamttitel *Vlast* („Vaterland") tragen. Mit diesem Plan hatte sich Smetana damals schon einige Monate beschäftigt, und man nimmt an, daß er die erste in der Reihe der sinfonischen Dichtungen zu skizzieren begann, bevor er noch (am 12. November 1872) seine vierte Oper *Libuše* vollendet hatte.

Während der Jahre, in denen dieser großangelegte Plan entwickelt und verwirklicht wurde (1872–79), wurden im Entwurf verschiedene Einzelheiten geändert. So ersetzte Smetana *Řip*, *Lipany* und *Bilá Hora* durch vier neue Themen: *Aus Böhmens Hain und Flur*, *Šárka*, *Tábor* und *Blaník*. Auch der Gesamttitel wurde geändert und hieß nun *Má Vlast* („Mein Vaterland").

Man ist leicht veranlaßt zu übersehen, daß diese sechs sinfonischen Dichtungen zu einer Zeit vollendet wurden, als Smetana besonders unglücklich war. Während der Komposition der ersten vier wurde er von den Kritikern geschmäht; auch suchte er damals vergebens nach einer Heilung für seine völlige Taubheit. Allerdings fand er Trost beim Komponieren dieser patriotischen Werke, die von einem auffallend zuversichtlichen Geist beseelt sind. Am 5. November 1882 hatte er dann auch die Genugtuung, der ersten höchst erfolgreichen Aufführung des ganzen Zyklus, unter der Leitung von Adolf Čech, beizuwohnen.

Im Mai 1879 hatte Smetana dem Verleger F. A. Urbánek seine *Kurze Zusammenfassung des Inhalts der Sinfonischen Dichtungen* in der Absicht gegeben, um damit einige Mißverständnisse aufzuklären. Über *Vltava* („Die Moldau") stand darin folgendes:

> *„Das Werk beschreibt den Lauf des Flusses Vltava, angefangen bei den beiden kleinen Quellen der warmen und der kalten Vltava, bis zur Vereinigung der beiden Wasserläufe, den Weg der Vltava durch Wälder und Wiesen, und weiter durch die Landschaft, wo gerade frohe Feste gefeiert werden; ein Tanz der Nixen im Mondlicht; auf den nahen Felsen tauchen stolze Burgen, stattliche Häuser und Ruinen auf; in den Stromschnellen von St. Johann bildet die Vltava Strudel, fließt als breiter Strom auf Prag zu bis die Festung Vyšehrad erscheint, und schließlich verschwindet der Fluß in der Ferne, um majestätisch in die Elbe zu fließen".*

Die erste Quelle wird durch eine aufsteigende Figur der Flöten (T. 1), die zweite durch eine Umkehrung derselben Figur in den Klarinetten (T. 16) dargestellt. Das Anschwellen des kleinen Wasserlaufs zu einem Fluß wird durch eine neue, fließende Melodie in e-Moll (T. 39) angedeutet. Es folgt eine Jagd im Wald (T. 80), und später hören wir den Polkarythmus einer Bauernhochzeit (T. 118). Wassernixen tanzen im Mondlicht (T. 185). Dann fließt der Fluß an Burgen und Ruinen vorbei (T. 239), windet sich durch die Stromschnellen von St. Johann (T. 271), und fließt als breiter Strom (Hauptmelodie nun in E-Dur anstatt e-Moll, T. 333) auf Prag zu. Er erreichte *Vyšehrad* (erstes Motiv T. 359, Holzbläser; zweites Motiv T. 374), und verschwindet schließlich aus dem Blickfeld, um sich mit der Elbe zu vereinen.

Smetana komponierte *Die Moldau* zwischen dem 20. November und dem 8. Dezember 1874. Vier Monate später, am 4. April, dirigierte Adolf Čech die Erstaufführung.

Lothar Lechner

Covergestaltung: H. J. Kropp
unter Verwendung des Stahlstiches
„Die Kleinseite mit den drei Inseln zu Prag"
(um 1850) von Johann Poppel
nach Ludwig Lange (1808–1868)
Archiv für Kunst und Geschichte, Berlin

Preface

During the years 1858–61, while he was in Sweden and strongly under Liszt's influence, Smetana composed three symphonic poems based on dramas by Shakespeare (*Richard III*), Schiller (*Wallenstein's Camp*) and Öhlenschläger (*Haakon Jarl*). Up to that time these were his most important symphonic works. More than a decade later, on 27 June 1873, an article appeared in the Czech musical periodical *Dalibor*, in which V. Y. Novotny stated that Smetana was planning to write a series of symphonic poems on subjects which had strong associations with episodes in Czech history and legend, and that he was intending to include *Vyšehrad*, *Vltava* (Moldau), *Řip*, *Lipany* and *Bílá Hora* (the White Mountain) in his cycle. The general title of the work was to be *Vlast* (Fatherland). Smetana had been considering this project for several months, and is believed to have begun sketching the first of the new series of symphonic poems before he completed his fourth opera *Libuše* on 12 November 1872.

During the years in which this ambitious scheme came to fruition (1872–9), details of the plan were altered. Smetana substituted four new subjects in place of *Řip*, *Lipany* and *Bílá Hora: From Bohemian Fields and Groves, Sárka, Tábor* and *Blaník*. The title was changed to *Má Vlast* (My Fatherland).

It is easy to overlook the fact that these six symphonic poems were completed during a most unhappy period of Smetana's life. The first four were composed when he was being reviled by the critics and while he was vainly seeking for a cure for his total deafness. Nevertheless he found solace in composing these national compositions, which breathe such a remarkably optimistic spirit. He had the statisfaction of witnessing the very successful first performance of the entire cycle conducted by adolf Čech on 5 November 1882.

In May 1879, in order to correct some misapprehensions, Smetana gave to his publisher F. A. Urbanék his *Short Outline of the Contents of the Symphonic Poems* and it contains the following information about *Vltava:*

> '*The work depicts the course of the river Vltava, beginning from the two small sources the cold and warm Vltava, the joining of both streams into one, then the flow of the Vltava through forests and across meadows, through the countryside where gay festivals are just being celebrated; by the light of the moon a dance of water nymphs; on the nearby cliffs proud castles, mansions and ruins rise up; the Vltana swirls in the St. John's rapids, flows in a broad stream as far as Prague, the Vyšehrad appears, and finally the river disappears in the distance as it flows majestically into the Elbe.*'

The first source of the river is represented by a rising phrase for flutes (bar 1) and the second source by the inversion of the same phrase for clarinets (bar 16). The change from a small stream to a river is suggested by a new flowing melody in E minor (bar 39). A hunt in the forest follows (bar 80), and later we hear the polka rhythms of a country wedding (bar 118). Water nymphs dance by the light of the moon (bar 185). The river flows on past castles and ruins (bar 239), passes through the St. John's rapids (bar 271), and in a broad stream with the principal melody now changed from E minor to E major (bar 333) the river sweeps on towards Prague. It reaches the Vyšehrad (first motif, bar 359, woodwind; second motif, bar 374) and disappears out of sight as it joins the Elbe.

Smetana composed *Vltava* between 20 November and 8 December 1874; four months later, on 4 April, Adolf Čech conducted the first performance.

Lothar Lechner

Préface

Au cours des années 1858 à 1861, qu'il passa en Suède, soumis alors fortement encore à l'influence de Liszt, Smetana composa trois poèmes symphoniques basés sur des drames de Shakespeare (*Richard III*), Schiller (*Wallenstein*) et Öhlenschläger (*Haakon Jarl*). Ce furent les œuvres symphoniques les plus importantes qu'il ait écrites jusque-là. Plus d'une décennie plus tard, le 27 juin 1873, un article parut dans le périodique musical tchèque *Dalibor*, article dans lequel V. J. Novotny rapportait que Smetana projetait la composition d'un cycle de poèmes symphoniques sur des thèmes en relation étroite avec l'histoire tchèque et les légendes traditionnelles du pays, comptant y inclure *Vyšehrad, Vltava* (la Moldau), *Říp, Lipany et Bilá Hora* (la montagne blanche). L'œuvre devait porter le titre générale *Vlast* (La patrie). Smetana avait réfléchi à ce projet depuis plusieurs mois déjà et l'on suppose qu'il commença à esquisser le premier des poèmes symphoniques avant même d'avoir achevé, le 12 novembre 1872, son quatrième opéra, *Libuše*.

Au cours des années durant lesquelles ce projet ambitieux fut élaboré et réalisé (1872-1879), divers détails furent modifiés. Ainsi, Smetana remplaça *Říp, Lipany* et *Bilá Hora* par quatre nouveaux thèmes: *Des bosquets et des champs de Bohème, Šárka, Tábor* et *Blaník*. Le titre général se transforma en *Má Vlast* (Ma Patrie).

On tend à omettre que ces six poèmes symphoniques furent achevés à une époque à laquelle Smetana était particulièrement malheureux. Les quatre premiers furent dédaignés par les critiques, et c'est en vain qu'il tenta de guérir sa surdité totale. Néanmoins, il trouva consolation dans la composition de ces oeuvres patriotiques, animées d'un esprit remarquablement optimiste. Le 5 novembre 1882, il eut la satisfaction d'assister à la première du cycle complet, sous la direction d'Adolf Čech.

En mai 1879, Smetana, désireux de parer à certains malentendus, remis à son éditeur F. A. Urbánek son *Petit résumé du contenu des poèmes symphoniques*, qui comprenait les informations suivantes à propos de *Vltava*.

> «*L'oeuvre décrit le cours de la rivière Moldau, en commençant par les deux petites sources de la Moldau chaude et froide, jusqu'à la jonction des deux cours d'eau en un seul, la rivière de la Moldau, à travers les forêts et les prairies, traversant ensuite le paysage où l'on célèbre de joyeuses fêtes; une danse des nymphes au clair de la lune; sur les rochers voisins, se dressent de fiers châteaux forts, des palais et des ruines imposants; la Moldau tourbillonne des rapides de St.-Jean pour s'écouler en large rivière vers Prague, jusqu'à ce qu'apparaisse la forteresse de Vyšehrad, puis disparaît enfin dans le lointain avant de se déverser majestueusement dans l'Elbe.*»

La première source de la rivière est représentée par une phrase ascendante aux flûtes (mes. 1), la seconde par l'inversion de celle-ci aux clarinettes (mes. 16). La métamorphose, du mince cours d'eau en une rivière, est suggérée par une mélodie nouvelle, fluide, en mi mineur (mes. 39). Suit une chasse en forêt (mes. 80), puis l'on entend les rhythmes de polka d'une noce paysanne (mes. 118). Des nymphes dansent au clair de lune (mes. 185). La rivière baigne les pieds de châteaux forts et de ruines (mes. 239), passe les rapides de St.-Jean (mes. 271), puis s'écoule en large flot, la mélodie principale étant passée alors de mi mineur à mi majeur (mes. 333), en direction de Prague. Elle atteint *Vyšehrad* (premier motif à la mesure 359, bois; second motif mes. 374), puis disparaît pour s'unir à l'Elbe.

Smetana composa *La Moldau* entre le 20 novembre et le 8 décembre 1874. Quatre mois plus tard, le 4 avril, Adolf Čech en dirigeait la première.

Lothar Lechner

Die Moldau

Vltava

Bědrich Smetana
1824–1884

Die 1. Quelle / The 1st source

Allegro commodo non agitato

Die 2. Quelle / The 2nd source

Waldjagd / A hunt in the forest

Hochzeit auf dem Lande / A country wedding

Stromschnellen von St. Johann / St. John's rapids

Breit fließt der Strom / The river flows in a broad stream

24

Vyšehrad-Motiv